Merci d'avoir choisi notre livre de coloriage et de soutenir notre petite entreprise!

Nous espérons que vous aurez du plaisir à colorier! Tous ceux qui ont contribué à ce livre apprécient votre soutien.

S'il vous plaît laissez un commentaire et partagez quelques-unes de vos belles photos colorées sur notre page amazon.

azbookland.com

Soyez le premier informé des nouvelles sorties de livres de coloriage et alerté lorsque nous publions notre MENSUEL GRATUIT IMPRIMABLE MINI LIVRE DE COLORIAGE!

POUR ACCÉDER À VOTRE MINI LIVRE DE COLORIAGE MENSUEL GRATUIT

1) Recherchez "Azbookland" ou visitez: www.azbookland.com

2) Aller à LIVRE GRATUIT

3) Cliquez sur TÉLÉCHARGER

4) Imprimez et profitez-en!

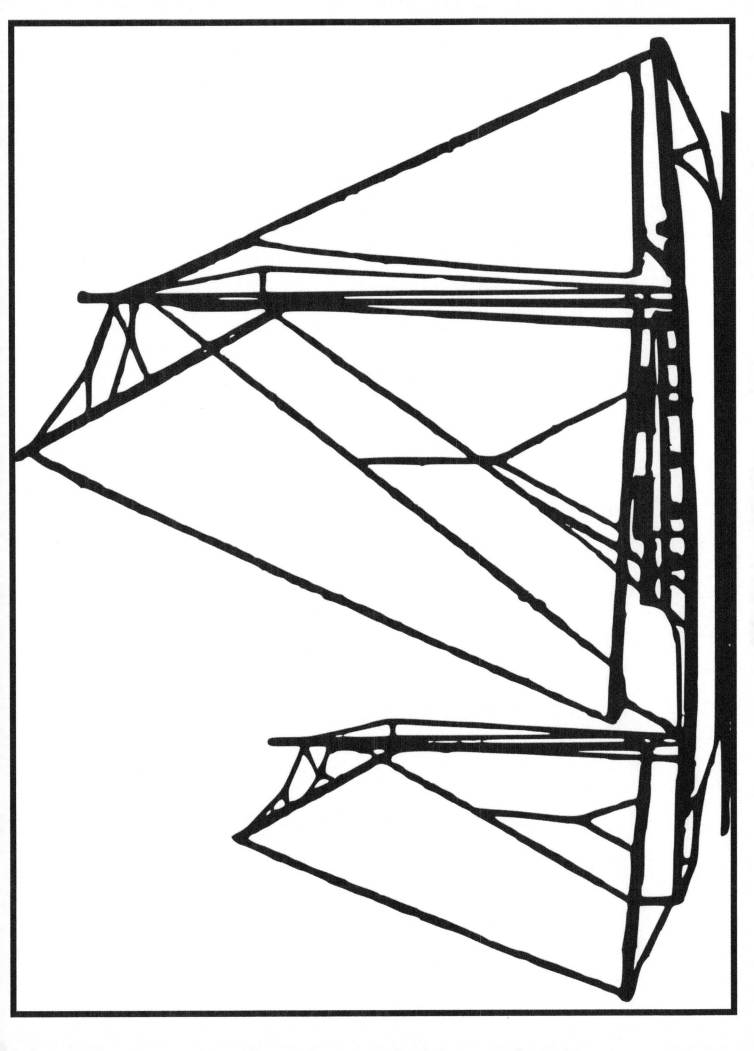

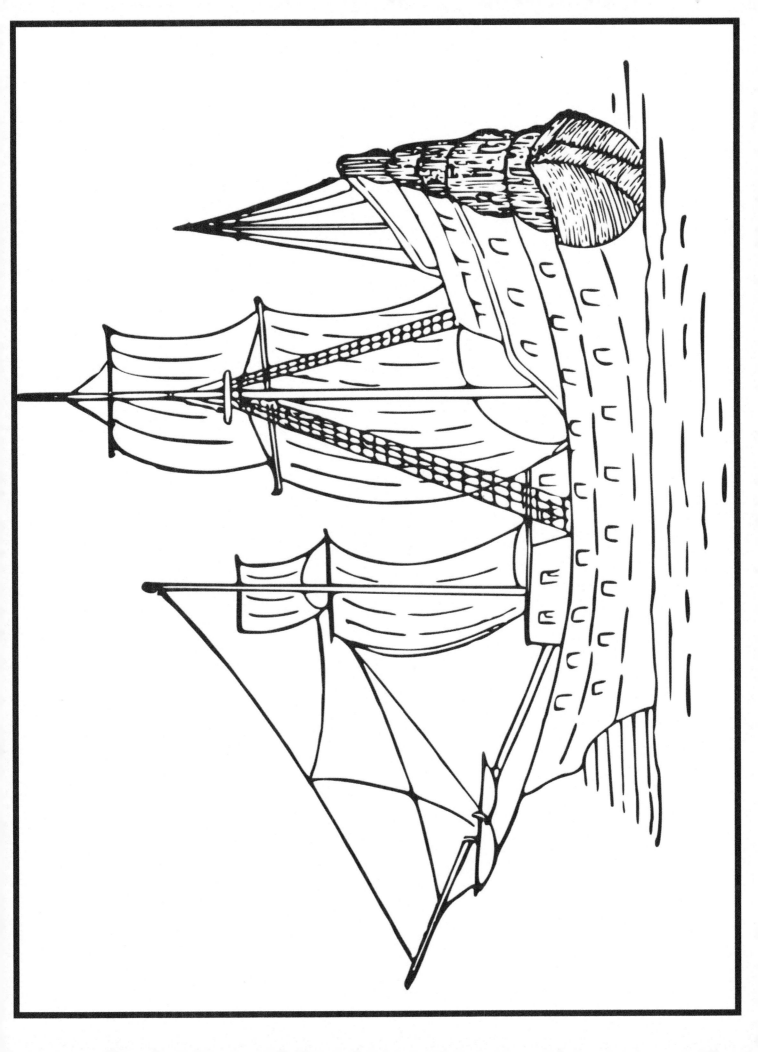

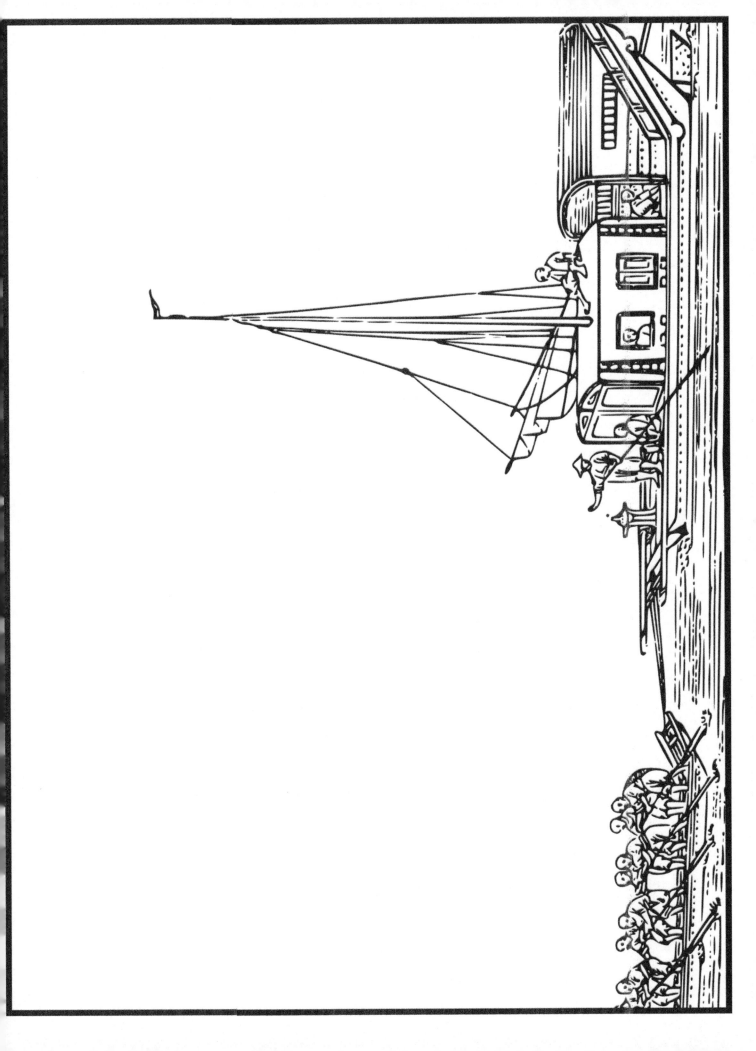

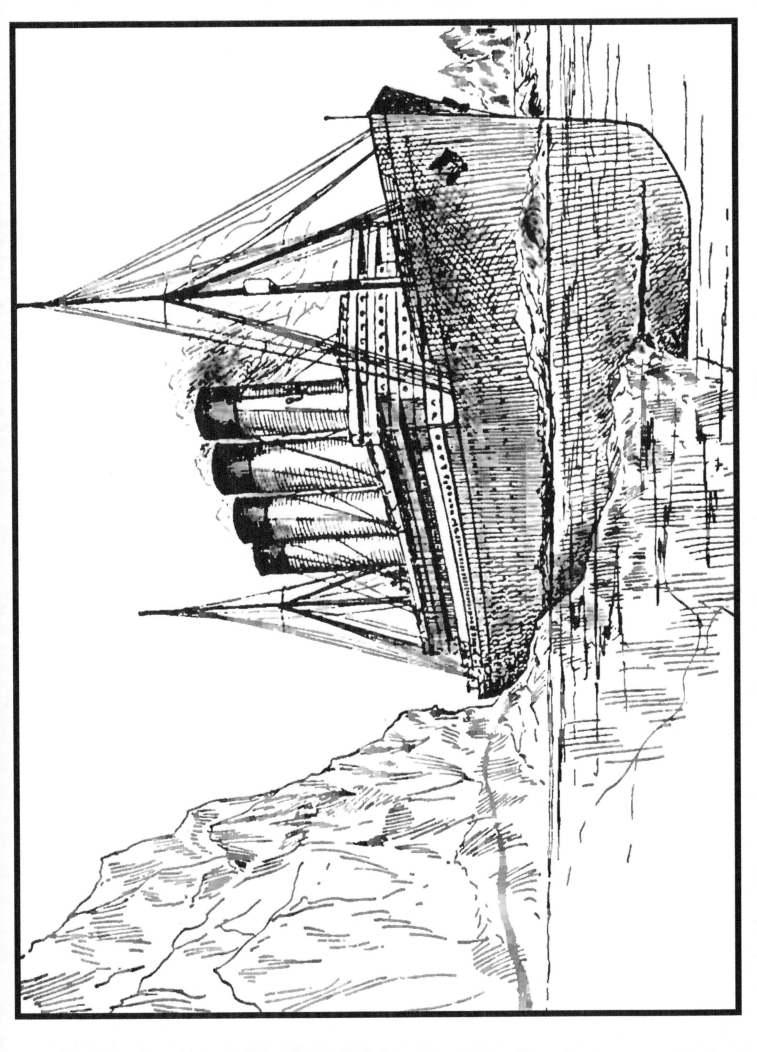

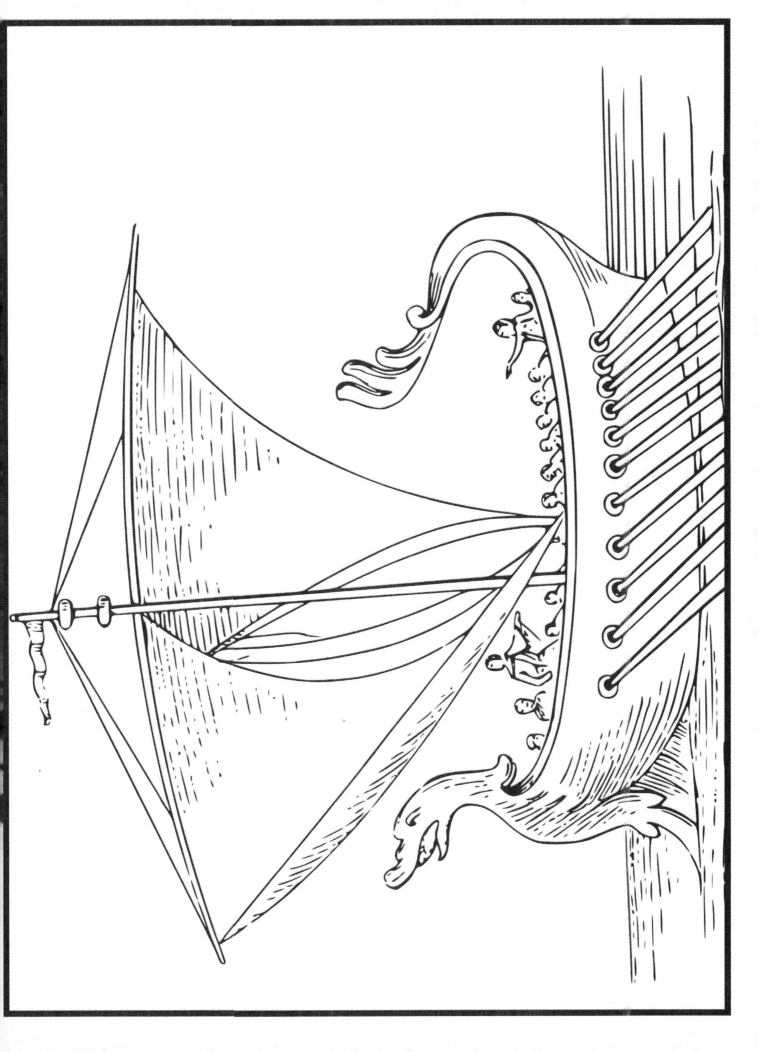

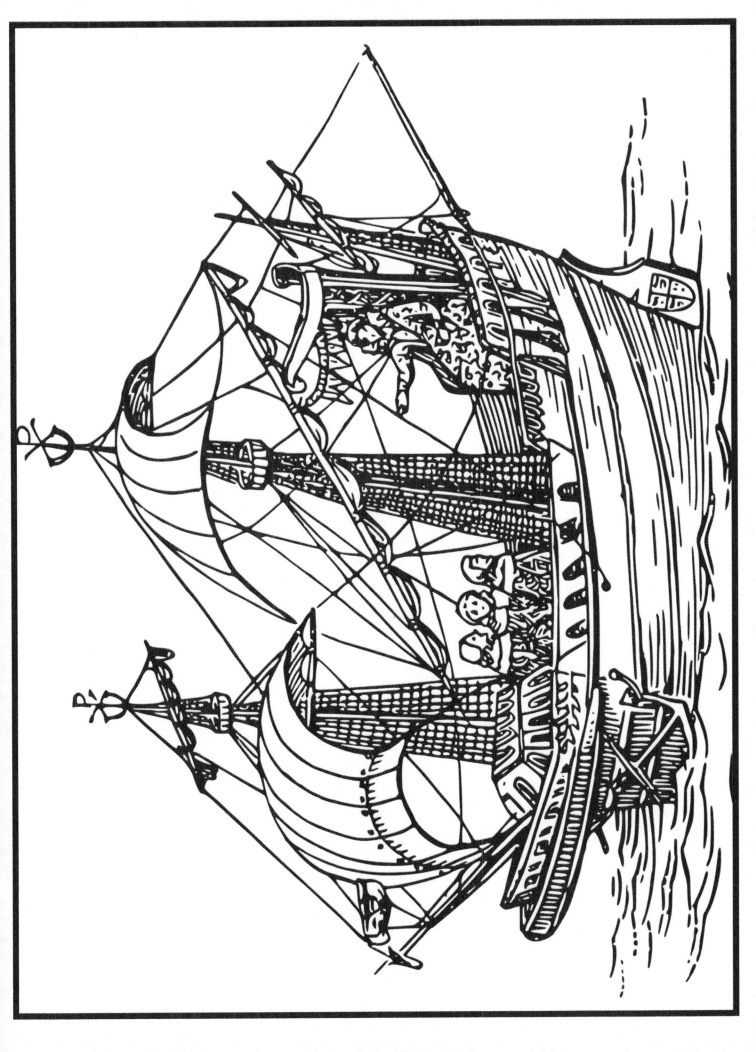

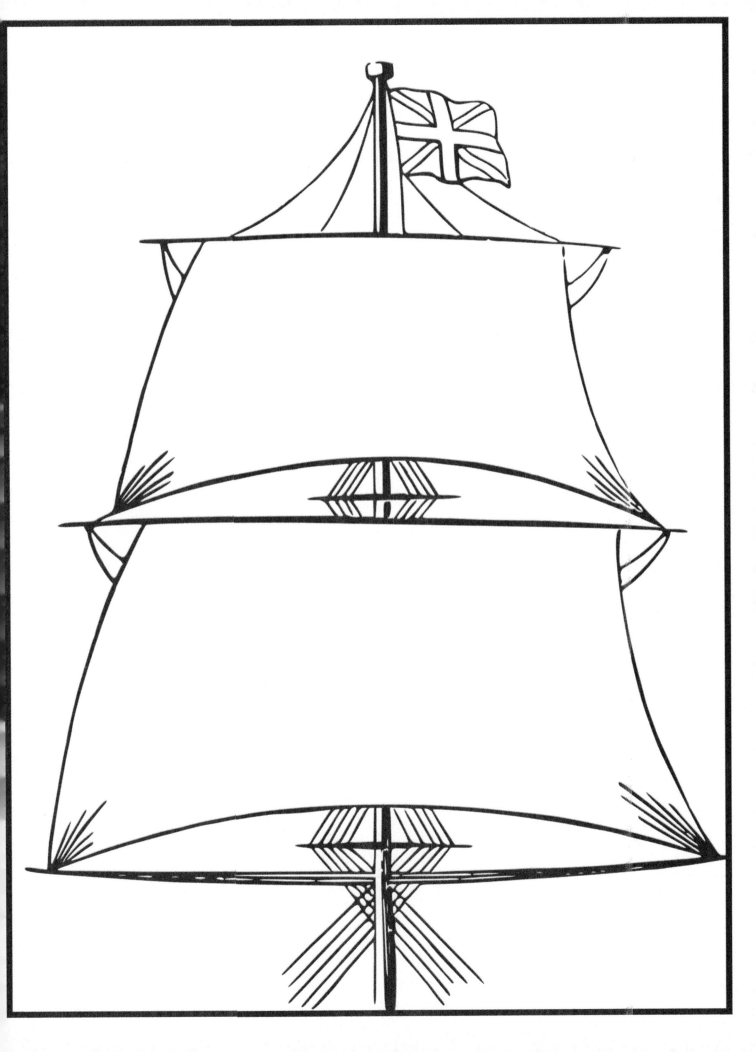

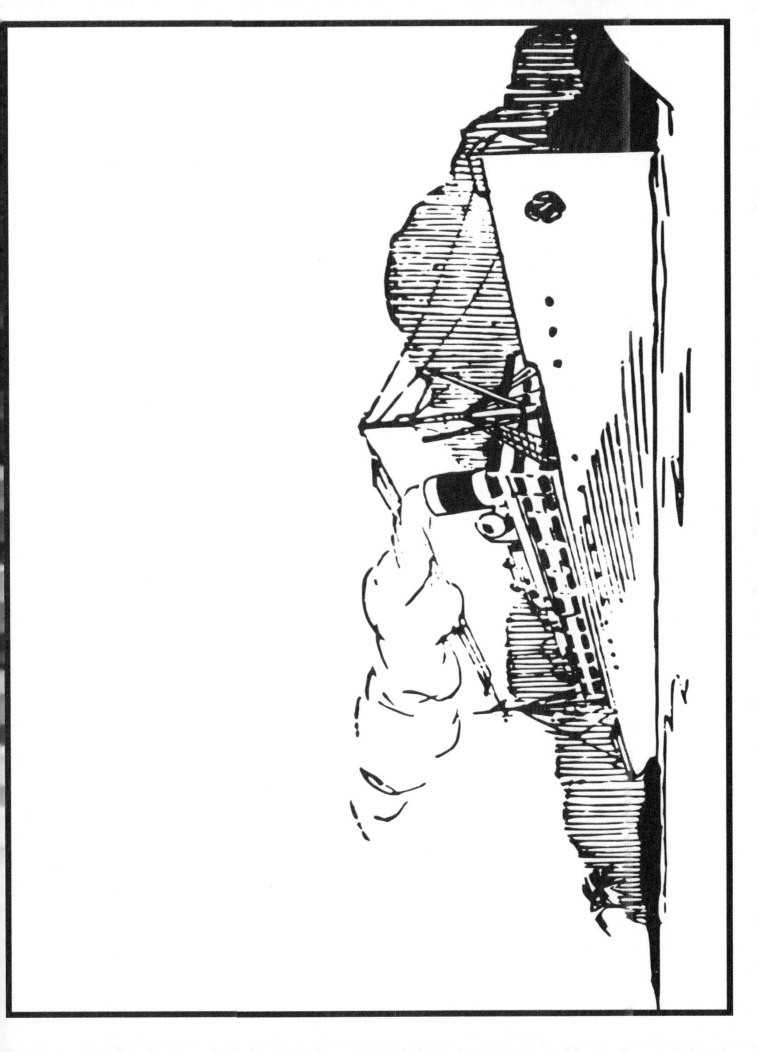

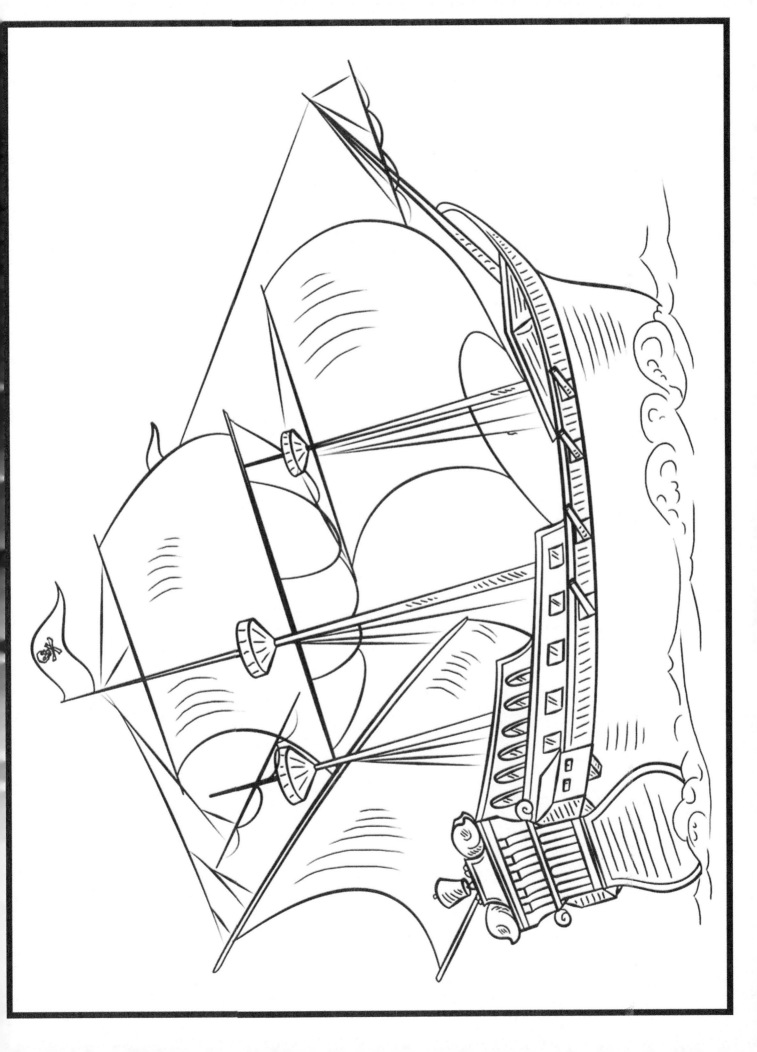

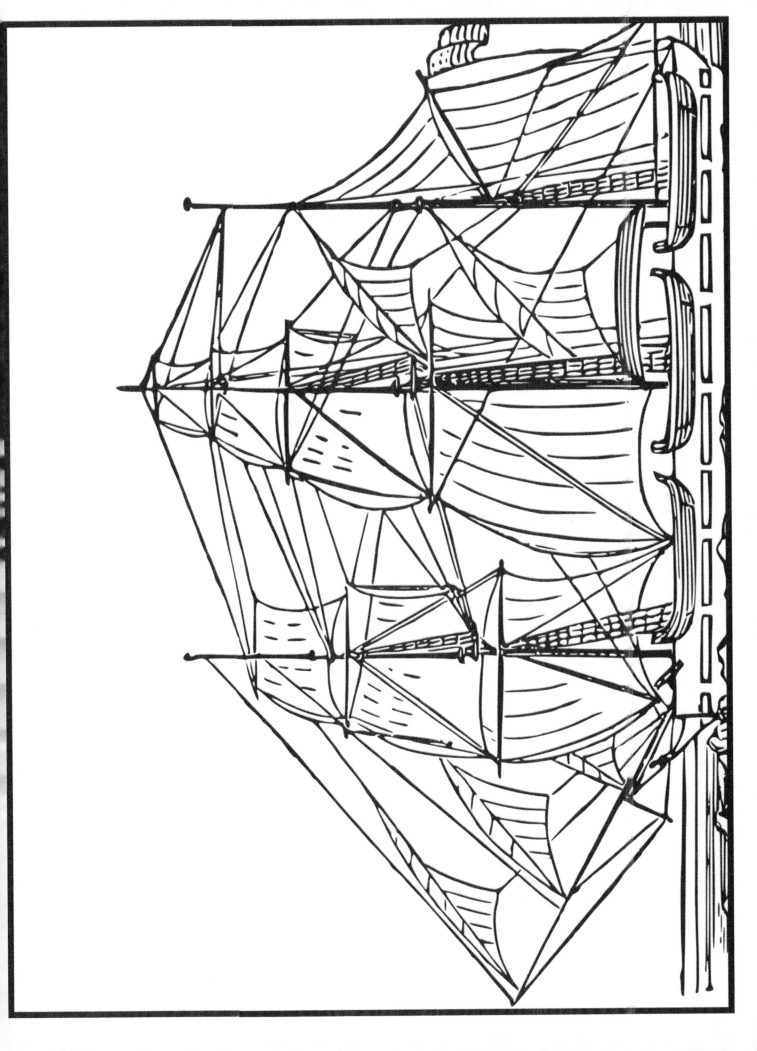

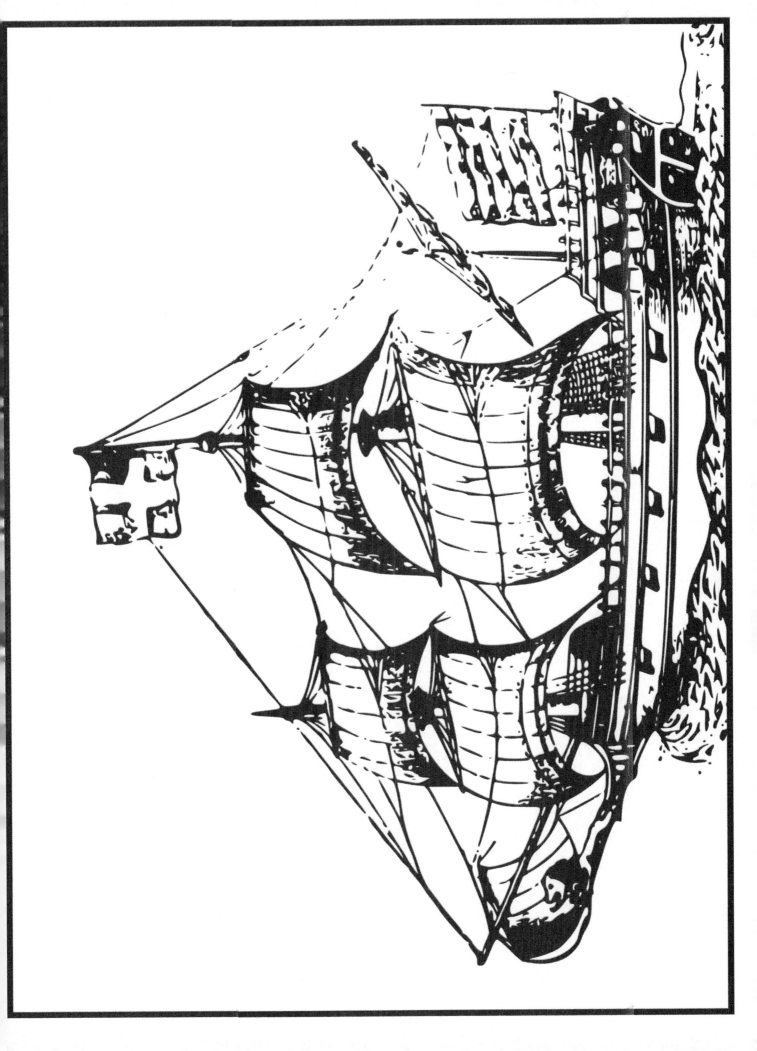

Printed by Amazon Italia Logistica S.r.l.
Torrazza Piemonte (TO), Italy

55397306R00038